Este libro pertenece a:

_____

_____

_____

Para mi hija, Anna.

Quien quería a uno de los renos de Santa por su cumpleaños.

Puedes consultar nuestro catálogo en www.picarona.net

¡Nunca dejes que un unicornio se encuentre a un reno!
Texto e ilustraciones: *Diane Alber*

1.ª edición: octubre de 2025

Título original: *Never Let a Unicorn Meet a Reindeer!*

Traducción: *Júlia Gumà*
Maquetación: *El Taller del Llibre, S. L.*
Corrección: *Sara Moreno*

© 2019, Diane Alber
www.dianealber.com
(Reservados todos los derechos)

© 2025, Ediciones Obelisco, S. L.
www.edicionesobelisco.com
(Reservados los derechos para la lengua española)

Edita: Picarona, sello infantil de Ediciones Obelisco, S. L.
Collita, 23-25. Pol. Ind. Molí de la Bastida
08191 Rubí - Barcelona - España
Tel. 93 309 85 25
E-mail: picarona@picarona.net

ISBN: 978-84-9145-790-9
DL B 20.035-2024

Impreso en SAGRAFIC
Passatge Carsí, 6 - 08025, Barcelona

Printed in Spain

¡NUNCA DEJES QUE UN UNICORNIO SE ENCUENTRE A UN RENO!

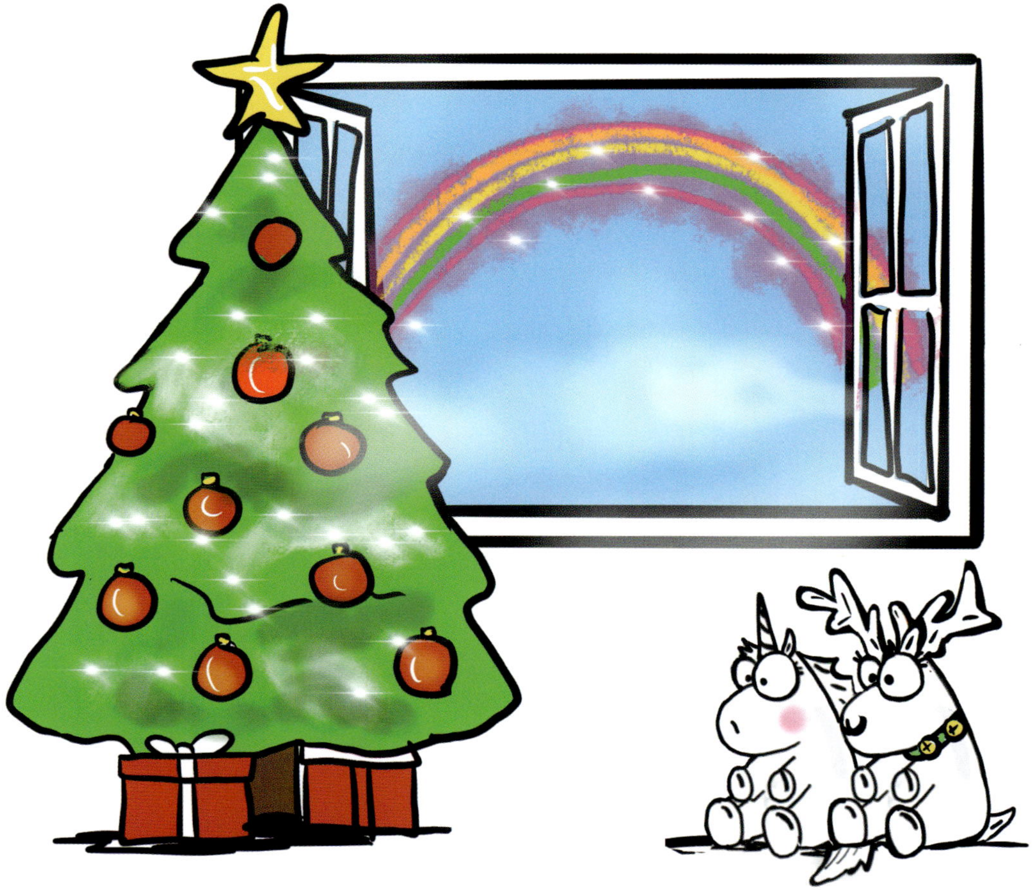

Escrito e ilustrado por Diane Alber

Quería un reno para mi cumpleaños, pero no uno cualquiera.
¡QUERÍA UNO DE LOS RENOS DE SANTA CLAUS!

Pensé que como es verano, Santa podría hacer que uno de sus renos viniera a visitarme y luego volviera a tiempo para Navidad.

Pero existía un problema...

¿Cómo podía contactar con Santa?

¿En medio del verano?

Así que hice la única cosa que se me ocurrió…

¡Le escribí una carta!

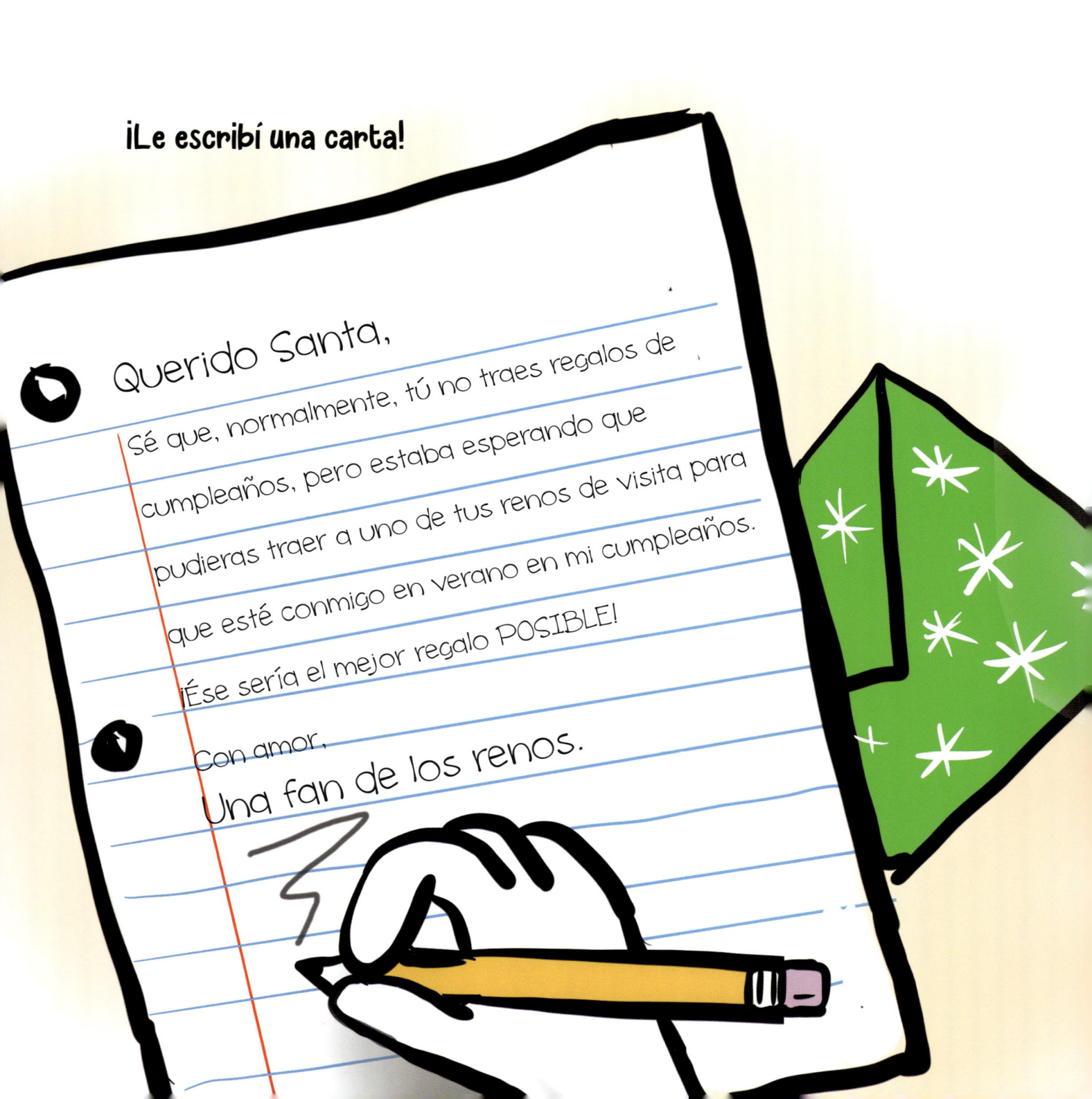

Querido Santa,

Sé que, normalmente, tú no traes regalos de cumpleaños, pero estaba esperando que pudieras traer a uno de tus renos de visita para que esté conmigo en verano en mi cumpleaños. ¡Ése sería el mejor regalo POSIBLE!

Con amor,

Una fan de los renos.

¡Rápidamente, la puse en el buzón y esperé
con optimismo!

Era el día de mi cumpleaños. Tenía una fiesta con temática de renos y hasta un cartel de ¡Bienvenido, reno!
¡Pero no había ni UNO!

Y justo cuando pensé que era imposible,

¡escuché que llamaban a la puerta!

¿¿Podía ser posible?? ¿De verdad había recibido un reno?
¡Y también había una carta!

Querida fan de los renos.
¡Estoy muy contento de que me escribieras!
¡Los renos siempre están buscando cosas
que hacer durante el verano! Éste es Kiki.
Le gusta comer zanahorias y escuchar
canciones de Navidad. Pero, por favor...

¡NO DEJES QUE SE ENCUENTRE CON NINGÚN UNICORNIO!

Con amor,

Santa.

¿Por qué Santa diría eso?

¡Los unicornios se llevan bien con todos los animales!

¿Quizás no se refiere a MI unicornio?

¿Quizás se refiere a unicornios SALVAJES?

En cuestión de segundos, mi unicornio llegó corriendo por el pasillo y se encontró cara a cara ¡con Kiki!

Deseaba que pudieran ser los mejores amigos.

Por desgracia, estaba tan equivocada...

Parece ser que estos dos eran ¡muy competitivos!
El primer día, empezaron por querer ver qué cuernos eran mejores…

La siguiente semana, compitieron para ver quién volaba mejor...

Abrí la puerta, ¡pero no había nadie!
Parecía que era otra carta de Santa.

Querida fan de los renos.

¡Tenemos un gran problema y espero que puedas ayudarnos! Se supone que habrá una gran tormenta por Nochebuena y normalmente tengo a un reno iluminando el camino, pero no creo que sea suficiente luz para las nubes negras. Me estoy empezando a preocupar. Si no encuentro una solución pronto, no podré ver dónde voy, y todos los niños ¡se quedarán sin regalo! ¿Tienes alguna idea?

Con amor,

Santa.

¡Oh, no! ¡Tenemos que ayudar
a Santa!
¡Tan sólo queda una semana
para Navidad!

¿Qué vamos a hacer?

Kiki recordó cómo Unicornio hizo que sus garabatos con los lápices de colores brillaran mucho y lo bien que podía volar.
¡UNICORNIO PODRÍA AYUDARLES A SALVAR LA NAVIDAD!

Kiki le dijo a Unicornio que pensaba que sus garabatos brillantes podrían iluminar el camino y crear un nuevo sendero para Santa. Deseaba que Unicornio fuera al Polo Norte con él.

A Unicornio le encantó la idea y los dos volaron rápidamente hacia la noche.

Había pasado una semana y no podía esperar a despertarme la mañana de Navidad. Para mi sorpresa, Unicornio y Kiki estaban esperándome al lado del árbol. ¡No me lo podía creer! Señalaron el increíble arcoíris que había fuera y me contaron todas sus aventuras y cómo ¡habían salvado la Navidad!

¡Parece ser que estos dos al final sí que se han convertido en los mejores amigos!

Nunca descubrí por qué Santa no quería que su reno se encontrara con un unicornio. Quizás era porque ambos eran muy competitivos. En cualquier caso, si ves un arcoíris la mañana de Navidad, ¡sabrás que un unicornio se encontró a un reno!

Fin.